얄라리의 어휘 콕콕! 한 컷 초등 맞춤법

재능많은국어연구소 지음
에렘 그림

휴먼어린이

초대하는 글

국어 실력을 기르는 첫걸음, 재미있는 한 컷 그림으로 시작해요!

매일 쓰는 우리말인데 왜 이렇게 맞춤법이 어려울까요? 쉬운 말도 막상 글로 적으려면 헷갈릴 때가 많아요. 비슷하게 생긴 단어인데 뜻이 전혀 다르거나 같은 글자를 어떨 땐 띄어 쓰고 어떨 땐 붙여 쓰기도 하지요.

우리말을 제대로 사용하기 위해서는 맞춤법을 꼭 알아야 해요. 맞춤법은 우리말을 쓰는 사람들이 서로 지키기로 정한 약속이에요. 올바른 맞춤법과 띄어쓰기는 국어 실력을 키워 주고, 다른 사람과 소통할 때도 꼭 필요해요. 맞춤법을 잘 지켜야 내 생각을 정확히 표현할 수 있거든요.

이 책은 초등 교과서에 나오는 필수 맞춤법 어휘를 알차게 담았어요. 쓸 때마다 헷갈리는 맞춤법과 띄어쓰기 고민을 유쾌하게 해결해 주는 재미있는 한 컷 그림도 가득 들어 있지요. 수다쟁이 병아리 '얄라리'와 함께 깔깔 웃다 보면 어느새 맞춤법 박사가 되어 있을 거예요!

그럼, 지금부터 맞춤법 공부를 시작해 볼까요?

책의 활용법

유쾌한 병아리 얄라리와 함께
필수 맞춤법과 띄어쓰기를 익혀요!

① 초등학생이 꼭 알아야 할 우리말 어휘와 맞춤법 지식을 즐겁게 배울 수 있어요.

② 머릿속에 콕 박히는 친절한 설명과 쉬운 예문으로 국어의 기본기를 다져요.

③ 얄라리와 친구들이 등장하는 재미있는 한 컷 그림으로 실생활 쓰임새를 익혀요.

④ 맞춤법 꿀팁, 표현력 쑥쑥 코너로 어휘력과 표현력을 함께 길러요.

캐릭터 소개

얄라리

장난기 가득한 수다쟁이 병아리

친구 없이는 하루도 못 사는 '친구바라기'예요!
늘 친구들과 함께 웃고 떠들지만,
중요한 순간엔 눈썹부터 바짝 세우고
누구보다 진지해진답니다.

하오리

**친구들의 중심을 잡아 주는
어른스러운 오리**

힘들어하는 친구에게 가장 먼저 다가가는
따뜻한 마음씨를 갖고 있어요.
언제나 여유 있는 웃음을 지으며
친구들을 든든하게 챙겨 주지요.

방붕이

<u>먹는 걸 가장 좋아하는</u>
<u>천진난만한 강아지</u>

엉뚱해서 가끔 친구들에게 놀림받지만,
마음이 순수하고 애정이 넘쳐서 모두가
좋아해요. 눈치보단 진심, 계산보단 우정!
친구들이 곁에 있으면 마냥 행복해요.

하삐

하얗고 동글동글한 병아리

얄라리의 사랑스러운 친척 동생들이에요.
어디서든 우르르 몰려다니는 걸 좋아해요!
형, 누나 친구들과도 금방 친해지고,
애교가 많은 귀여운 성격이랍니다.

차례

초대하는 글 4
책의 활용법 5
캐릭터 소개 6

 **자주 틀리는 맞춤법** 제대로 써요!

간질이다 O 간지르다 X 12 • 개수 O 갯수 X 13 • 건드리다 O 건들이다 X 14
곱빼기 O 곱배기 X 15 • 구시렁대다 O 궁시렁대다 X 16 • 굳이 O 구지 X 17
금세 O 금새 X 18 • 기다란 O 길다란 X 19 • 깨끗이 O 깨끗히 X 20
널브러지다 O 널부러지다 X 21 • 눈곱 O 눈꼽 X 22 • 닦달하다 O 닥달하다 X 23
맞닥뜨리다 O 맞딱드리다 X 24 • 메마르다 O 매마르다 X 25 • 며칠 O 몇 일 X 26
무릎쓰다 O 무릅쓰다 X 27 • 베개 O 배게 X 28 • 부서지다 O 부숴지다 X 29
부스스하다 O 부시시하다 X 30 • 빈털터리 O 빈털털이 X 31 • 산봉우리 O 산봉오리 X 32
설거지 O 설겆이 X 33 • 설레다 O 설레이다 X 34 • 안팎 O 안밖 X 35
알아맞히다 O 알아맞추다 X 36 • 어이없다 O 어의없다 X 37 • 역할 O 역활 X 38
오랜만 O 오랫만 X 39 • 오므리다 O 오무리다 X 40 • 왠지 O 웬지 X 41 • 움큼 O 웅큼 X 42
웃어른 O 윗어른 X 43 • 웬일 O 왠일 X 44 • 으스대다 O 으시대다 X 45
이파리 O 잎파리 X 46 • 잠그다 O 잠구다 X 47 • 쩨쩨하다 O 째째하다 X 48
켜다 O 키다 X 49 • 통째 O 통채 X 50 • 핼쑥하다 O 핼쓱하다 X 51

 **서로 헷갈리는 낱말**을 구별해요!

가르치다 | 가리키다 54 • 거치다 | 걷히다 55 • 낫다 | 낳다 56 • 너머 | 넘어 57
늘리다 | 늘이다 58 • 다르다 | 틀리다 59 • 되 | 돼 60 • 드러내다 | 들어내다 61
들르다 | 들리다 62 • 때다 | 떼다 63 • 띠다 | 띄다 64 • 로서(으로서) | 로써(으로써) 65

맡다|맞다 66 • 매다|메다 67 • 모래|모레 68 • 무난하다|문안하다 69
무치다|묻히다 70 • 바라다|바래다 71 • 바치다|받치다 72 • 반드시|반듯이 73
배다|베다 74 • 벌리다|벌이다 75 • 부치다|붙이다 76 • 붇다|붓다 77
비추다|비치다 78 • 빗|빚|빛 79 • 시키다|식히다 80 • 안|않 81
어떻게|어떡해 82 • 업다|엎다 83 • 에요|예요 84 • 유래|유례 85
잊다|잃다 86 • 저리다|절이다 87 • 조리다|졸이다 88 • 좇다|쫓다 89
지그시|지긋이 90 • 지양|지향 91 • 한참|한창 92 • 해치다|헤치다 93

3장 올바르게 띄어쓰기를 해요!

너대로 96 • 말하는 대로 97 • 바다만큼 98 • 노력한 만큼 99 • 도착할지 100
시작한 지 101 • 좋은데 102 • 읽는 데 103 • 너뿐이야 104 • 들었을 뿐 105
꽃같이 106 • 모두 같이 107 • 하나밖에 108 • 집 밖에 109 • 몇 시 110 • 몇백 111
이틀간 112 • 이웃 간에 113 • 해야겠다 114 • 전해야 한다 115 • 방학 동안 116
일 년 만에 117 • 공 때문에 118 • 웃을 때 119 • 나보다 120 • 만 원 121
마실 것 122 • 수업 중 123 • 여러 가지 124 • 사람마다 125 • 첫 번째 126
한 개 127 • 얼마 전에 128 • 내일쯤 129 • 어느 날 130 • 그럴 리가 131
비싸구나 132 • 배고플 텐데 133 • 갈 거야 134 • 잊을 뻔했어 135

국어 문법 용어 맛보기 136
찾아보기 138

일러두기
- 이 책의 표기법은 국립국어원의 한글 맞춤법과 표준어 규정을 따랐습니다.
- 초등학교 교과서에 나오는 어휘 중에서 필수 맞춤법 내용을 선별했습니다.
- [찾아보기]는 책에 실린 총 120여 개의 어휘를 가나다순으로 정리했습니다.
- 설명을 읽다가 어려운 문법 용어가 나오면 부록 [국어 문법 용어 맛보기]를 참고해 보세요.

1장

자주 틀리는 맞춤법 제대로 써요!

간질이다 | 간지르다

간질이다는 살갗을 문지르거나 건드려서 간지럽게 한다는 뜻이야. 간지럽히다라고 바꿔 쓸 수 있지만, '간지르다'라는 말은 없어.

(예) 발바닥을 간질이면 웃음을 참기가 힘들다.

표현력 쑥쑥

○ 간지러운 느낌이 들거나 무언가를 자꾸 하고 싶어서 참기 어려울 때는 '간질거리다'라고 해.
  ⇨ "감기에 걸렸더니 목구멍이 간질거린다."

개수 ⭕ | 갯수 ❌

하나씩 낱으로 셀 수 있는 물건의 수를 **개수**라고 해. **개수**(個數)는 한자어로만 이루어진 단어이기 때문에 사이시옷을 쓰지 않아.

> 예) 상자에 들어 있는 사과의 **개수**는 총 열 개다.

눈오리 **개수** 좀 세어 봐!

지금까지 다섯 개 만들었어.

맞춤법 꿀팁

● 한자어와 한자어가 합해져 만들어진 낱말에는 사이시옷을 붙이지 않지만, 다음 6가지 한자어는 예외이니 잘 기억해 두자.
 ⇨ 곳간(庫間) / 셋방(貰房) / 숫자(數字) / 찻간(車間) / 툇간(退間) / 횟수(回數)

건드리다 | 건들이다

건드리다는 조금 움직일 만큼 손으로 만지거나 무언가를 닿게 한다는 뜻이야. 준말로 '건들다'라고 하기 때문에 헷갈리기 쉽지만, '건들이다'라는 말은 없어.

㉠ 남의 물건을 허락 없이 함부로 건드리면 안 돼.

표현력 쑥쑥

○ 누군가의 마음을 상하게 만드는 말이나 행동을 할 때도 '건드리다'라는 말을 써.
  ⇨ "나를 무시하는 친구의 말투가 내 자존심을 건드렸다."

곱빼기 | 곱배기

⭕ 곱빼기 / ❌ 곱배기

두 그릇의 몫을 한 그릇에 담은 음식의 양을 곱빼기라고 해. 일정한 수나 양이 거듭될 때 쓰는 '곱'이라는 말과 어떤 특성이 있는 사람이나 물건을 뜻하는 접미사 '-빼기'가 합쳐진 말이지.

(예) 너무 배가 고파서 점심으로 짜장면 곱빼기를 먹었다.

짜장면 곱빼기!

대박!

맞춤법 꿀팁

● 찌개를 끓이거나 뜨거운 탕을 담을 때 쓰는 그릇은 '뚝배기'라고 해.

구시렁대다 | 궁시렁대다

구시렁대다는 무언가가 마음에 들지 않아 쓸데없는 말을 자꾸 한다는 뜻이야. 주로 혼자서 투덜대며 불만을 드러낼 때 쓰는 표현이지. '궁시렁대다'는 방언으로, 표준어는 '구시렁대다'야. 구시렁거리다라고 바꿔 쓸 수도 있어.

예) 화가 난 동생이 하루 종일 구시렁댔다.

굳이 ⭕ | 구지 ❌

굳이는 단단한 마음으로 굳게 또는 고집을 부려 애써 무언가를 할 때 사용하는 부사야. '굳다'에 접미사 '-이'가 합해진 말로, [구지]라고 발음하지만 [굳이]로 적어야 해.

예) 날도 더운데 굳이 운동장에 나가야 할까?

맞춤법 꿀팁

- **구개음화**: 어간의 받침이 'ㄷ' 또는 'ㅌ'으로 끝나는 말이 '이'나 '히'를 만나면 [ㅈ] 또는 [ㅊ]으로 소리가 나. '굳다'의 어간 '굳'의 받침이 'ㄷ'이기 때문에 '이'를 만나서 [구디]가 아니라 [구지]라고 발음하는 거야.

금세는 '지금 바로'라는 뜻이야. '금시에'가 줄어든 말이라는 걸 기억해 두면 헷갈리지 않겠지?

예) 나는 처음 보는 사람과도 금세 친해진다.

얄라리는 금세 사랑에 빠졌어요.

기다란 | 길다란

기다란은 매우 길다는 뜻을 가진 '기다랗다'에서 나온 말이야. '길다'라는 뜻 때문에 헷갈리기 쉽지만, '길다랗다'는 없는 말이니 '길다란'이라고 쓰지 않아.

예) 기린은 기다란 목을 늘어뜨리며 먹이를 받아먹었다.

맞춤법 꿀팁

○ 접미사 '-다랗다'는 일부 형용사의 어간 뒤에 붙어 그 정도가 꽤 뚜렷함을 나타내는 말이야. 하지만 어간에 따라 단어의 형태가 달라지는 경우도 있으니 틀리지 않도록 주의해야 해.
⇨ 짧다 → 짤따랗다 / 넓다 → 널따랗다 / 높다 → 높다랗다 / 좁다 → 좁다랗다

깨끗이 | 깨끗히

깨끗이는 사물이 더럽지 않게 또는 빛깔이 흐리지 않고 맑게 등의 뜻을 나타내는 부사야. '깨끗하다'라는 단어가 있어서 '깨끗히'라고 적을 것 같지만, '깨끗이'가 올바른 말이야.

㉠ 책상을 항상 깨끗이 정리하는 습관을 들이자.

맞춤법 꿀팁

● 부사를 만들 때 접미사 '-이'를 붙여야 할지, '-히'를 붙여야 할지 헷갈릴 때가 많지? 주로 어근 뒤에 '-하다'를 붙였을 때 말이 되면 '-히'를 쓴다고 생각하면 쉬울 거야. 하지만 '깨끗하다', '깊숙하다' 같은 예외도 있으니 헷갈릴 때마다 국어사전을 꼭 찾아보자.
⇨ 꼼꼼하다 → 꼼꼼히 / 정확하다 → 정확히 / 조용하다 → 조용히 / 깊숙하다 → 깊숙이

널브러지다 | 널부러지다

널브러지다는 사물이 너저분하게 흐트러져 있거나 몸에 힘이 빠져 축 늘어져 있다는 뜻이야. '널부러지다'라는 말은 없어.

(예) 동생이 갖고 놀던 장난감이 거실에 **널브러져** 있었다.

왜 이렇게 **널브러져** 있어?

표현력 쑥쑥

○ 힘없이 바닥에 까부라져 늘어져 있다는 뜻을 가진 '너부러지다'라는 말도 있어.
⇨ "강아지가 더위를 먹었는지 마룻바닥에 **너부러졌다**."

눈곱 (O) | 눈꼽 (X)

눈곱은 시각을 담당하는 감각 기관 '눈'과 몸에서 나오는 진득진득한 액체를 뜻하는 '곱'이 합해진 말이야. [눈꼽]이라고 발음되기 때문에 잘못 쓰지 않도록 주의해야 해.

예) 세수할 때 눈곱을 잘 떼야 한다.

나는 씻을 때 눈곱부터 닦아.

표현력 쑥쑥

- 아주 적거나 작은 것을 빗대어 표현할 때도 '눈곱'이라는 말을 쓸 수 있어.
  ⇨ "내가 말한 이야기에는 눈곱만큼도 거짓이 없어."

닦달하다는 남을 단단히 윽박질러서 혼내거나 물건을 손질하고 매만진다는 뜻이야. 흔히 누군가를 나무랄 때 쓰는 표현인데, '닥달하다'라고 잘못 쓰지 않도록 조심해.

예) 아무리 나를 닦달해도 비밀을 알려 줄 수는 없어.

방학 숙제 좀 미리미리 해! 닦달하기 전에!

 **맞닥뜨리다** |  **맞딱드리다**

맞닥뜨리다는 갑자기 마주 대하거나 만난다는 뜻이야. 맞닥트리다, 맞다닥뜨리다, 맞다닥트리다로 바꿔 쓸 수 있지만, '맞딱드리다'라는 말은 없어.

예) 공원에서 산책하고 있는데 우연히 친구를 맞닥뜨렸다.

선생님을 여기서 맞닥뜨리네요.

표현력 쑥쑥

○ 좋지 않은 일을 직접 당하거나 마주할 때도 '맞닥뜨리다'라는 말을 써.
  ⇨ "환경 오염이 갈수록 심각해지면서 지구는 위기에 맞닥뜨렸다."

메마르다 ⭕ | 매마르다 ❌

메마르다는 땅이 물기가 없고 기름지지 않거나 공기가 건조하다는 뜻이야.
목소리가 가칠가칠하거나 피부가 윤기 없이 까칠할 때도 쓰는 말이지.

> 예) 오랫동안 비가 오지 않아서 땅이 **메마르고** 갈라졌다.

> 땅이 **메마르지** 않게 물을 듬뿍 줘야 해.

표현력 쑥쑥

○ 성격이나 느낌이 무디고 정서가 부족할 때도 '메마르다'라는 말을 써.
  ⇨ "감정이 메말라서 슬픈 영화를 봐도 눈물이 나오지 않아."

며칠 ⭕ | 몇 일 ❌

며칠은 그 달의 몇째 되는 날을 가리키거나 몇 날을 나타내는 말이야. '오늘이 며칠이지?'처럼 몇 번째 날인지를 묻거나 '며칠 동안'처럼 여러 날을 뜻할 때 사용해. '몇 년', '몇 월'은 있지만, '몇 일'은 없고 며칠이라고 써야 해.

예) 1월이 되자마자 며칠째 눈이 펑펑 쏟아지고 있다.

네 생일이 몇 월 **며칠**이더라?

오늘!

무릅쓰다 | 무릎쓰다

무릅쓰다는 힘들고 어려운 일을 참고 견딘다는 뜻이야. '무릎'은 넓적다리와 정강이 사이에 앞쪽으로 둥글게 튀어나온 신체 부위를 가리키는 말이지.

예) 소방관은 위험을 무릅쓰고 화재를 진압했다.

너희가 즐겁다면...

나도 무서움을 무릅쓰고 탄다!

표현력 쑥쑥

○ 적이나 상대편의 힘에 눌려 항복할 때 '무릎을 꿇다'라는 표현을 써.
  ⇨ "궁지에 몰린 적군은 마침내 무릎을 꿇었다."

베개 | 배게

베개는 잠을 자거나 누울 때 머리를 받치는 물건이야. 동사 '베다'와 어떠한 행위를 하는 간단한 도구를 뜻하는 접미사 '-개'가 합해진 단어지. 이와 형태가 비슷한 예시로 지우개, 덮개, 깔개, 뒤집개 등이 있어.

예 입고 있던 겉옷을 베개 삼아 잔디밭에 누웠다.

나는 커다란 베개가 좋아!

표현력 쑥쑥

○ '베다'는 누울 때 머리 아래에 무언가를 받친다는 뜻이야. 날카로운 도구를 사용해서 끊거나 자를 때 또는 상처를 낼 때도 쓰는 말이지.
⇨ "오른팔을 베고 낮잠을 잤더니 팔에 쥐가 났다."

부서지다 | 부쉬지다

부서지다는 단단한 물체가 깨져 여러 조각으로 흩어진다는 뜻이야. 동사 '부수다'의 활용형 '부수어(부숴)'가 '부숴 버리다', '부쉈다' 등으로 쓰이기 때문에 헷갈리기 쉽지만, '부쉬지다'라는 말은 없어.

(예) 유리컵이 바닥에 떨어져 산산이 부서졌다.

화면이 다 부서져 버렸어!

맞춤법 꿀팁

● '부수다'는 단단한 물체를 여러 조각이 나게 두드려 깨뜨린다는 뜻이야. '부서뜨리다', '부서트리다'라고 바꿔 써도 되지만, '부숴뜨리다', '부숴트리다'라는 말은 없어.

부스스하다 | 부시시하다

부스스하다는 머리카락이나 털이 어지럽게 일어나거나 흐트러져 있다는 뜻이야. 같은 뜻을 가진 단어로 푸시시하다가 있지만, '부시시하다'는 틀린 말이지.

예) 소파에 누워 낮잠을 잤더니 머리카락이 부스스해졌다.

빈털터리 | 빈털털이

빈털터리는 아무것도 가진 게 없는 가난한 사람을 가리키는 말이야. 남몰래 물건을 훔치는 짓이나 그런 일을 벌이는 사람을 '털이'라고 일컬어 '빈집 털이', '금고 털이'처럼 쓰지만, '빈털털이'라는 말은 사용하지 않아.

(예) 용돈을 일주일 만에 다 써서 빈털터리가 됐어.

내가 빈털터리가 되다니!

 # 산봉우리 | 산봉오리

산봉우리는 산에서 뾰족하게 높이 솟은 부분을 말해. 그냥 봉우리라고 써도 돼. '봉오리'는 망울만 맺히고 아직 피지 않은 꽃을 뜻해. 산을 가리킬 때는 '봉우리', 꽃을 가리킬 때는 '봉오리'라고 기억해 두자.

(예) 산봉우리에 오르니 구름이 손에 잡힐 듯 가까워 보였다.

설거지 | 설궂이

설거지는 음식을 먹고 난 그릇을 씻어 정리하는 일을 뜻해. 옛날에는 '설궂다'라는 동사가 있어서 '설궂이'라고 적었지만, 지금은 쓰지 않는 말이 되었기 때문에 '설거지'가 올바른 표현이야. 동사는 '설거지하다'라고 써야 해.

예) 밥을 다 먹고 나면 곧바로 설거지하자.

표현력 쑥쑥

○ '설거지하다' 대신에 '부시다'라는 말을 사용해도 돼. '부시다'는 빛이나 색채가 강렬해서 마주 보기 어렵다는 뜻이지만, 그릇 따위를 씻어 깨끗하게 만들 때 쓰는 동사이기도 해.
⇨ "사용한 조리 도구는 깨끗이 부셔 놓아야 합니다."

 설레다 | 설레이다

설레다는 마음이 가라앉지 않고 들떠서 두근거린다는 뜻이야. '설레이다'라는 말은 없어. 명사로 쓸 때도 '설레임'이 아니라, 설렘이 맞는 말이야.

(예) 내일이면 여름 방학이 시작된다니 벌써부터 설렌다.

너무 설레서 잠이 안 와.

안팎 ⭕ | 안밖 ❌

안팎은 어떤 사물이나 영역의 안과 밖을 뜻해. '안'과 '밖'을 합쳐 부르는 말이라 헷갈리기 쉽지만, '안팎'이 올바른 표현이야.

예) 담장 안팎으로 예쁜 꽃들이 활짝 폈다.

표현력 쑥쑥

- '안팎'은 어떤 수량이나 기준에 조금 모자라거나 넘치는 정도를 가리키기도 해.
  ⇨ "야외 공연장에 100명 안팎의 관객들이 모여들었다."

알아맞히다 | 알아맞추다

알아맞히다는 어떤 문제에 대한 옳은 답을 댄다는 뜻이야. '맞추다'라는 단어가 있기 때문에 헷갈리기 쉽지만, '알아맞추다'라는 말은 없어. 알맞은 정답을 내놓을 때는 '알아맞히다'라고 써야 해.

(예) 수수께끼의 답을 누가 가장 많이 알아맞히는지 대결해 보자.

표현력 쑥쑥

○ '맞추다'는 서로 떨어져 있는 부분을 제자리에 맞게 대어 붙인다는 뜻이야. 또는 어떤 대상을 나란히 놓고 비교하거나 일정한 기준이나 정도에 어긋나지 않게 조정한다는 뜻도 있어.
⇨ "누가 더 속도가 빠른지 달리기 기록을 맞춰 보자."

어이없다 | 어의없다

어이없다는 너무 뜻밖의 일이라 기가 막힌다는 뜻이야. 어처구니없다라고 바꿔 써도 되지만, '어의없다'라는 말은 없어.

예) 말도 없이 내 일기장을 보다니 정말 어이없네.

> 너한테 게임을 지다니! 어이없어!

> 발로 해도 이긴다.

🟡 표현력 쑥쑥

○ '어의(御衣)'는 임금이 입던 옷을 뜻하고, '어의(御醫)'는 옛날 궁궐에서 임금이나 왕족의 병을 치료하던 의원을 말해.
  ⇨ "허준은 조선 시대 때 30여 년 동안 어의로 활약했다."

역할은 자기가 마땅히 하기로 맡은 일을 뜻해. 영화나 연극, 드라마에서 배우가 연기하기로 맡은 인물을 일컫기도 해. '역활'이라고 잘못 쓰지 않도록 조심하자.

㉠ 각자 역할을 나눠서 교실을 청소하자.

내 역할은 나무.

오랜만 | 오랫만

오랜만은 어떤 일이 있은 때로부터 긴 시간이 지난 뒤를 뜻하는 '오래간만'의 준말이야. '오랫만'은 틀린 말이니 '오랫만에'가 아니라 '오랜만에'라고 써야 해.

예) 명절을 맞아 오랜만에 온 가족이 함께 모였다.

맞춤법 꿀팁

- '오랫동안'은 시간상으로 긴 동안을 나타내는 하나의 단어야. '오래'와 '동안'이 합쳐지면서 사이시옷이 붙은 형태지. '한참', '한동안'이라고 바꿔 쓸 수 있지만, '오랜동안'이라는 말은 없어.

 오므리다 | 오무리다

오므리다는 신체의 일부나 물건의 가장자리 끝을 한곳으로 모은다는 뜻이야. 지하철 좌석에 앉을 때는 양쪽 무릎이 가까워지도록 다리를 오므리는 게 예의라는 거 잊지 마.

예 참새들이 날개를 오므리고 전봇대 위에 앉아 있다.

저기… 다리 좀 오므려 주세요. 저기요?

왠지 | 웬지

왠지는 '왜인지'가 줄어든 말이야. 왜 그런지 이유를 모를 때 쓰는 표현이지. '왠'은 단독으로 쓰일 수 없기 때문에 '왠지' 말고는 다른 단어로 사용되지 않아.

예) 시험 보는 날에 발을 삐다니 왠지 불길한걸.

표현력 쑥쑥

○ '웬'은 명사 앞에 붙어 '어찌 된' 또는 '어떠한'이라는 뜻을 나타내는 관형사야.
⇨ "앉아 있던 의자가 부서지다니, 이게 웬 날벼락이야?"

O 움큼 | 웅큼 X

움큼은 손으로 한 줌 움켜쥘 만한 분량을 세는 단위야. 물건 따위를 놓치지 않도록 손가락을 우그려 잡는다는 뜻의 '움키다'에서 나온 말이지. 주먹, 줌, 옴큼으로 바꿔 써도 되지만, '웅큼'이라는 말은 없어.

예) 간식 바구니에서 사탕을 한 움큼 꺼냈다.

사탕 한 웅큼씩 가져가세요.

웃어른 | 윗어른

웃어른은 나이나 지위가 자기보다 높은 어른을 뜻해. 위를 뜻하는 접두사 '웃-'과 '어른'이 합해진 말이야. '아랫어른'이라는 말은 없기 때문에 '윗어른'이라고 쓰지 않아.

예) 웃어른을 만나면 공손히 인사해야 한다.

우리 아빠야.

웃어른을 만나면 얼른 인사드려야지!

안녕하세요!

맞춤법 꿀팁

○ 위아래가 있는 말에는 '윗-'을 붙이고, 위아래로 나뉘지 않는 말에는 '웃-'을 붙인다는 표준어 규정이 있어.
 ⇨ 윗사람↔아랫사람 / 윗니↔아랫니 / 윗도리↔아랫도리 / 윗목↔아랫목

웬일 | 왠일

웬일은 '어찌 된 일'이라는 의외의 뜻을 나타내는 말이야. 관형사 '웬'이 붙어 '웬일', '웬걸', '웬만큼', '웬만하다'처럼 하나의 단어로 굳어진 표현도 있어.

예) 네가 이렇게 아침 일찍 등교하다니, 웬일이래?

 # 으스대다 | 으시대다

으스대다는 어울리지 않게 우쭐거리며 뽐낸다는 뜻이야. 뻐기다, 우쭐대다라는 말과 바꿔 쓸 수 있지만, '으시대다'라는 말은 없어.

예) 시험 잘 봤다고 나한테 으스대는 거야?

우우! 데이트 한다고 으스대지 마라!

⭕ 이파리 | 잎파리 ❌

이파리는 나무나 풀의 살아 있는 낱낱의 잎을 뜻해. 잎을 가리키는 말이기 때문에 '잎파리'라고 헷갈리기 쉽지만, 소리 나는 대로 적은 '이파리'가 맞는 말이야.

예) 살랑살랑 불어오는 바람에 대나무 이파리가 흔들거렸다.

이파리가 짙은 초록색이네! 이제 정말 여름이구나.

잠그다 | 잠구다

잠그다는 여닫는 물건을 열지 못하도록 자물쇠를 채우거나 빗장을 건다는 말이야. 또는 물이나 가스가 흘러나오지 않게 막는다는 뜻도 있어.

예) 물을 낭비하지 않도록 수도꼭지를 꼭 잠그자.

아… 내가 문을 잠그고 나왔나?

표현력 쑥쑥

○ 물속에 물체를 넣거나 가라앉게 할 때도 '잠그다'라는 말을 써. 이때에는 '담그다'라는 단어와 바꿔서 사용할 수 있지.
　⇨ "시냇물에 발을 잠그고 물장구를 치며 놀았다."

쩨쩨하다 | 째째하다

쩨쩨하다는 너무 적거나 하찮아서 시시하다는 뜻이야. 마음이 너그럽지 못하고 인색한 사람을 가리킬 때도 사용하는 말이지.

예) 쩨쩨하게 굴지 말고 과자 좀 나눠 먹자.

소시지 하나만 더 주세요!

안 돼.

쩨쩨하네.

표현력 쑥쑥

- 말이나 행동이 쩨쩨하고 남부끄러울 때 '치사하다'라는 말을 써.
  ➪ "나를 기다려 주지 않고 먼저 가 버리다니 치사해!"

켜다 ⭕ | 키다 ❌

켜다는 불을 붙이거나 전기 제품을 작동하게 만든다는 뜻이야. '키다'는 방언으로, 표준어는 '켜다'라고 써야 해. '끄다'의 반대말은 '켜다'라는 거 잊지 말자.

> 예) 에어컨을 작동시키려면 먼저 전원을 켜야 해.

표현력 쑥쑥

○ 바이올린 같은 현악기의 줄을 활로 문질러 소리를 내거나 몸을 쭉 펴고 팔다리를 뻗는 기지개를 할 때도 '켜다'라는 말을 써.
⇨ "옆집에서 첼로를 켜는 소리가 들려왔다."

통째 ⭕ | 통채 ❌

통째는 나누지 않은 덩어리 전체를 뜻해. '그대로' 또는 '전부'라는 뜻을 나타내는 접미사 '-째'는 명사 뒤에 붙어 그릇째, 뿌리째, 껍질째 등으로 사용되는 말이야.

> 예) 통닭구이는 닭을 토막 내지 않고 **통째**로 구워서 만든다.

(말풍선: 햄버거를 **통째**로 한입에…!)

표현력 쑥쑥

- 접미사 '-째'는 차례나 등급을 나타내거나 어느 한때에서 다른 한때까지 흘러간 시간의 길이를 뜻하기도 해.
  ↪ "첫 번**째** 공연이 시작된 이후로 세 시간**째** 축제가 벌어지고 있다."

핼쑥하다 | 핼쓱하다

핼쑥하다는 얼굴이 야위고 핏기가 없다는 뜻이야. 해쓱하다로 바꿔 쓸 수 있지만, '핼쓱하다', '핼슥하다', '해슥하다'는 없는 말이니 헷갈리지 않도록 조심해.

예 독감에 걸려서 며칠 동안 앓았더니 얼굴이 핼쑥해졌다.

왜 이렇게 얼굴이 핼쑥해졌어?

요즘에 다이어트를 열심히 했거든.

2장

서로 헷갈리는 낱말을 구별해요!

가르치다 | 가리키다

가르치다는 어떤 지식이나 기능을 익히게 만들거나 상대방이 모르는 것을 알려 줄 때 쓰는 말이야. **가리키다**는 손가락 등을 사용해 어떤 방향이나 대상을 집어서 보이거나 알릴 때 또는 무언가를 특별히 나타낼 때 쓰는 말이지.

예) 선생님께서 체육 시간에 새로운 준비 운동을 **가르쳐** 주셨다.
예) 나침반의 바늘이 남쪽을 **가리키고** 있었다.

> 아빠가 손으로 위치를 **가리키면서** 별자리 이름을 **가르쳐** 주셔서 참 좋았다.

- '가르치다'와 '가리키다'를 잘 구별해서 써야 하지만, '가르키다'라는 말은 없어.

거치다 | 걷히다

거치다는 오가는 도중에 어디를 지나갈 때 또는 어떤 과정이나 단계를 밟을 때 쓰는 말이야. 걷히다는 동사 '걷다'의 피동사로, 구름이나 안개가 흩어져 없어지거나 늘어진 물건이 말아 올려진다는 뜻이지.

예) 공원을 거쳐 오솔길을 걷다 보면 울창한 숲이 나온다.
예) 구름이 걷히자 하늘이 밝아지기 시작했다.

공원을 거쳐 오니까 어느새 안개가 다 걷혔네.

표현력 쑥쑥

○ '거치다'는 무언가에 걸리거나 막힐 때 또는 마음이 꺼림칙할 때 쓰는 말이기도 해.
   ⇨ "발에 거치는 돌멩이를 치웠으니 이제 마음껏 뛰어놀아도 거칠 문제가 없겠어."

낫다 | 낳다

낫다는 병이나 상처가 고쳐져 원래 상태가 된다는 뜻이야. 낳다는 뱃속에 있는 아이, 새끼, 알을 몸 밖으로 내놓거나 어떤 결과를 이룰 때 쓰는 말이지.

예) 따뜻한 차를 자주 마시면 감기가 빨리 낫는대.
예) 우리 집 강아지가 새끼를 4마리나 낳았어.

마음의 상처가 낫기도 전에 또 다른 오해를 낳아 버렸다.

표현력 쑥쑥

○ 보다 더 좋거나 앞서 있다는 뜻을 나타낼 때도 '낫다'라는 말을 써.
⇨ "자전거를 타기에는 오르막길보다 평지가 더 낫다."

너머 | 넘어

너머는 높이나 경계로 가로막힌 사물의 저쪽을 뜻해. 넘어는 동사 '넘다'의 활용형으로, 높은 부분의 위를 지나가거나 경계를 건널 때 쓰는 말이야.

(예) 저 바다 너머에는 뭐가 있을까?
(예) 산을 넘고 강을 건너자 작은 시골 마을이 나타났다.

무지개 너머에 보물이 있다!

저 신비로운 산을 넘어 모험을 떠나자!

맞춤법 꿀팁

○ '너머'는 건너편에 있는 장소나 위치를 나타내는 말이고, '넘어'는 공간을 지나가는 움직임을 표현할 때 쓰는 말이야.

늘리다 | 늘이다

늘리다는 물체의 크기를 키우거나 수나 양을 많아지게 한다는 뜻이야.
늘이다는 본래의 길이보다 더 길어지게 한다는 뜻이지.

예) 시합까지 얼마 남지 않았으니 연습 시간을 좀 더 늘리자.
예) 바지 길이가 너무 짧아서 바짓단을 늘여야 해.

표현력 쑥쑥

○ '느리다'는 무언가를 할 때 걸리는 시간이 길다는 뜻이야.
  ⇨ "내 동생은 나보다 걷는 속도가 느리다."

다르다 | 틀리다

다르다는 비교하는 두 대상이 서로 같지 않다는 뜻이고, 틀리다는 셈이나 사실이 실제와 맞지 않다는 뜻이야. 정답이 있는 문제를 잘못 풀었을 때는 '다르다'가 아니라, '틀리다'를 써야 해.

예) 우리 가족은 좋아하는 음식이 각자 다르다.
예) 같은 수학 문제를 계속 틀린다면 오답 노트를 만들어 봐.

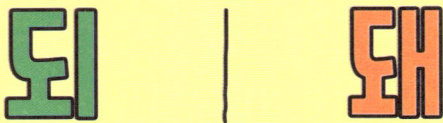

되와 돼는 모두 동사 '되다'에서 나온 말이야. 되는 '되다'의 어간이고, 돼는 '되다'의 활용형인 '되어'의 준말이야. 따라서 '되어'로 바꿨을 때 말이 되면 '돼'를 쓰고, 말이 안 되면 '되'를 쓴다고 기억해 두자.

> 예) 반장이 되고 나니 할 일이 많아졌다.
> 예) 꼴찌가 돼도 괜찮으니 포기하지 마.

하루를 기록하는 게 습관이 되면 다이어리가 소중한 보물이 돼.

맞춤법 꿀팁

- '되'는 '되다'의 어간이므로 단독으로 쓸 수 없어. '되어'의 준말인 '돼'는 어간 '되'와 종결 어미 '-어'가 결합한 형태로도 사용할 수 있지. 따라서 문장을 끝맺는 맨 마지막 위치에는 무조건 '돼'를 써야 해.

드러내다 | 들어내다

드러내다는 가려 있던 것을 보이게 하거나 알려지지 않은 사실을 밝힌다는 뜻이야.
들어내다는 물건을 들어서 밖으로 옮기거나 사람을 쫓아낼 때 쓰는 말이지.

예) 이웃집 개가 나를 보고 이빨을 드러내며 으르렁거렸다.
예) 바닥을 고치기 위해 방에 있던 가구들을 거실로 들어냈다.

와! 쌓인 짐을 들어냈더니 어릴 때 했던 낙서가 드러났네?

표현력 쑥쑥

○ 드러내다는 '드러나다'의 사동사야. 가려 있던 것이 보이게 될 때 또는 알려지지 않은 사실이 널리 밝혀질 때 '드러나다'라는 말을 써.
⇨ "경찰의 수사가 시작되자 사건의 진실이 드러났다."

들르다 | 들리다

들르다는 지나는 길에 잠깐 들어가 머무른다는 뜻이야. '거치다', '경유하다'로 바꿔 쓸 수 있어. 들리다는 '듣다'의 피동사로, 감각 기관을 통해 소리가 알아차려진다는 뜻이지.

(예) 학원에 가기 전에 잠깐 편의점에 들르자.
(예) 이어폰을 바꿨더니 음악이 더욱 생생하게 들리네.

배고픈데 학원 가기 전에 편의점 좀 들르자.

그래야겠다. 네 배에서 나는 소리가 여기까지 들리네!

꼬르르륵

표현력 쑥쑥

○ 병에 걸렸을 때도 '들리다'라는 말을 써. 또한 '들다'의 피동사로 손에 가지게 되거나 아래에 있는 것이 위로 올려진다는 뜻도 있어.
  ⇨ "감기에 심하게 들려서 온종일 기침이 나온다."
  ⇨ "양손에 짐이 가득 들려 전화를 받을 수 없었다."

때다 | 떼다

때다는 아궁이나 화덕에 불을 붙여 타게 한다는 뜻이야. '지피다', '태우다'로 바꿔 쓸 수 있어. 떼다는 붙어 있거나 서로 이어져 있는 것을 떨어지게 한다는 뜻이지.

예) 시골 할머니 댁에 가면 불을 때는 아궁이를 볼 수 있다.
예) 이제 축제가 끝났으니 벽에 붙어 있는 포스터를 떼자.

띠다 | 띄다

띠다는 빛깔이나 색채를 가지거나 감정이나 기운이 나타난다는 뜻이야.
띄다는 눈에 보인다는 뜻을 가진 '뜨이다'의 준말이야.

- 예) 맑은 가을날에는 하늘이 푸른색을 띤다.
- 예) 폭우가 쏟아지는 바람에 강물이 눈에 띄게 불었다.

표현력 쑥쑥

○ '띄다'는 공간적으로 거리를 멀게 하거나 시간의 길이를 길게 한다는 뜻을 가진 '띄우다'의 준말이기도 해.
⇨ "의자가 너무 붙어 있으니 간격을 좀 띄자."

로서(으로서) | 로써(으로써)

로서는 지위나 신분, 자격을 나타내는 조사로, 일정한 조건이나 능력을 갖추고 있다는 걸 드러낼 때 사용해. 로써는 물건의 재료나 원료 또는 어떤 일의 수단이나 도구를 나타내는 조사야. 물질의 성분을 알리거나 어떤 목적을 이루기 위한 방법을 가리킬 때 사용해.

(예) 너의 친한 친구로서 솔직히 말할게.
(예) 국물에 소금 대신 간장으로써 짭짤한 맛을 냈어.

표현력 쑥쑥

○ 어떤 일의 기준이 되는 시간을 나타낼 때도 '로써'를 사용해.
⇨ "수영을 배우기 시작한 지 올해로써 2년이 되었다."

맡다 | 맞다

맡다는 책임을 지고 어떤 일을 하거나 또는 자리나 물건을 차지한다는 뜻이야.
맞다는 문제에 대한 답이나 생각 등이 틀리지 않다는 뜻이지. 또는 어떤 기준에 꼭 들어맞거나 서로 어긋나지 않고 잘 어울리는 상황을 나타내는 말이야.

(예) 이번 조별 과제의 발표는 내가 맡았다.
(예) 누구 말이 맞는지 한번 따져 보자.

표현력 쑥쑥

○ '맡다'는 코로 냄새를 느끼거나 어떤 일의 낌새를 눈치챘다는 뜻도 있어.
　⇨ "우리 집 강아지가 코를 벌렁거리며 풀 냄새를 맡는다."

매다 | 메다

매다는 끈이나 줄이 풀리지 않도록 마디를 만들어 묶는다는 뜻이야.
메다는 어깨에 무언가를 걸치거나 올려놓는다는 뜻이지.

예) 달리기 시합을 하기 전에 신발 끈을 꽉 매라.
예) 무거운 배낭을 메고 산에 올랐다.

표현력 쑥쑥

○ 뚫려 있거나 비어 있는 곳이 막히거나 채워질 때도 '메다'라는 말을 써.
⇨ "물도 없이 퍽퍽한 과자를 먹었더니 목이 멘다."

모래 | 모레

모래는 잘게 부스러진 돌 부스러기를 말해. 모레는 내일의 다음 날을 뜻하지.
한 글자만 다르지만, 뜻은 아예 다르니 잘 구별해서 써야 해.

(예) 파도가 밀려와 모래 위에 쓴 글자가 지워졌다.
(예) 모레까지 체험 학습 보고서를 제출하세요.

무난하다 | 문안하다

무난하다는 별로 어려움이 없거나 딱히 흠잡을 만한 것이 없다는 뜻이야. 나쁘지 않고 중간 정도로 괜찮다는 말이지. 문안하다는 웃어른께 안부를 여쭌다는 뜻이야.

예) 김치볶음밥은 내가 무난하게 만들 수 있는 음식이다.
예) 병원에 입원해 계시는 할아버지를 문안하러 갔다.

무치다 | 묻히다

무치다는 갖가지 양념을 넣고 골고루 뒤섞는다는 뜻이야. 묻히다는 가루, 풀, 물 등을 다른 물체에 들러붙게 한다는 뜻이지. '무치다'는 주로 나물 같은 음식을 만들 때 사용하는 말이고, 어떤 물체를 다른 곳에 묻게 할 때는 '묻히다'라고 해.

- 예) 시금치를 무쳐서 김밥 재료로 넣자.
- 예) 손질한 새우를 빵가루에 묻혀서 기름에 튀겨요.

에구, 양념 무치다가 옷에 다 묻혀 버렸네.

표현력 쑥쑥

○ '묻히다'는 다른 물건 속에 넣어져 보이지 않게 덮일 때 또는 일이 감추어져 드러나지 않게 될 때 사용하는 '묻다'의 피동사이기도 해.
  ⇨ "폭설이 쏟아져 자동차 바퀴가 눈 속에 묻혔다."

바라다 | 바래다

바라다는 어떤 일이나 상태가 원하는 대로 이루어지기를 기대한다는 뜻이야.
바래다는 볕이나 습기를 받아서 색이 변한다는 뜻이지.

(예) 생일 선물로 네가 바라던 게임기를 샀어.
(예) 오래된 책이라 종이가 누렇게 색이 바랬다.

맞춤법 꿀팁

○ 어떤 일이 이루어지기를 기다리는 간절한 마음은 '바램'이 아니라 '바람'이야.
⇨ "나의 바람은 온 가족이 함께 놀이공원에 가는 거야."

바치다 | 받치다

바치다는 누군가에게 무언가를 정중하게 주거나 아낌없이 내놓는다는 뜻이야. **받치다**는 떨어지지 않게 다른 물체를 대거나 어떤 일을 잘할 수 있도록 뒷받침한다는 뜻이지.

- 예) 독립운동가들은 나라를 위해 목숨을 **바쳐** 싸웠다.
- 예) 그릇에 쟁반을 **받치면** 안전하게 음식을 나를 수 있다.

맞춤법 꿀팁

○ '받히다'는 '받다'의 피동사로 세차게 부딪힌다는 뜻이야.
  ⇨ "연필을 줍다가 책상에 머리를 **받혔어**."

반드시 | 반둣이

반드시는 '틀림없이 꼭'이라는 뜻을 나타내는 부사야. 반듯이는 '반듯하다'에서 나온 말로, '비뚤어지거나 기울지 않고 바르게'라는 뜻이지.

예) 비행기가 이륙할 때는 반드시 안전벨트를 매야 한다.
예) 침대에 반듯이 누워서 천장을 바라보세요.

연접 볼 때는 반드시 정중해야 해.

그래서 반듯이 앉아서 연습 중이야.

표현력 쑥쑥

○ 생김새가 말끔하거나 말과 행동이 공손할 때도 '반듯하다'라는 말을 써.
⇨ "저 아이는 성격이 조용하고 반듯하다."

배다 | 베다

배다는 액체나 냄새가 스며들거나 스며 나온다는 뜻이야. 버릇처럼 익숙해졌을 때, 뱃속에 아이나 새끼를 가졌을 때, 근육이 뭉쳤을 때도 쓰는 말이지. 베다는 날카로운 도구로 끊거나 자를 때 또는 머리 아래에 무언가를 받치고 누울 때 쓰는 말이야.

(예) 고깃집에서 저녁을 먹었더니 옷에 고기 냄새가 배었다.
(예) 책장을 넘기다 종이에 손을 베여 상처가 났다.

벌리다 | 벌이다

벌리다는 둘 사이를 넓히거나 멀게 한다는 뜻이야. 껍질을 열어서 속을 드러내거나 우므러진 것을 펴지게 할 때도 쓰는 말이지. **벌이다**는 어떤 일을 시작하거나 여러 가지 물건을 늘어놓는다는 뜻이야.

(예) 4번 타자가 홈런을 치면서 점수 차를 크게 **벌렸다**.
(예) 추석을 맞아 주민들이 함께 모여 잔치를 **벌였다**.

쓰레기봉투 좀 **벌려** 줄래?

으이구, 일은 네가 **벌이고** 치우는 건 우리지!

부치다 | 붙이다

부치다는 주로 편지나 물건을 상대에게 보내거나 넘길 때 쓰는 말이야.
붙이다는 '붙다'의 사동사로, 떨어지지 않도록 서로 맞닿아 붙게 한다는 뜻이지.

(예) 우체국에 가서 할머니께 보내는 편지를 부쳤다.
(예) 새로운 우표를 사서 편지봉투에 붙였다.

맞춤법 꿀팁

○ '부치다'와 '붙이다' 중 어떤 말을 써야 할지 헷갈릴 땐 '붙게 하다'로 말을 바꿔 봐. '붙이다'를 '붙게 하다'로 바꿔도 뜻이 통하지만, '부치다'를 '붙게 하다'로 바꾸면 어색하거든.

불다 | 붓다

붇다는 물에 젖어서 부피가 커지거나, 분량이나 수효가 많아진다는 뜻이야.
붓다는 액체나 가루를 다른 곳에 담을 때 또는 피부나 어떤 기관이 부풀어 오를 때 쓰는 말이지.

(예) 배달이 오래 걸리면 짜장면 면발이 붇는다.
(예) 밀가루에 물을 붓고 반죽부터 하자.

면 너무 오래 두면 붇는다! 빨리 먹자! 응?

물 붓고 10초도 안 지났어.

맞춤법 꿀팁

○ '불다'는 바람이 일어나서 어느 방향으로 움직인다는 뜻이야. 입이나 코로 날숨을 내보내어 바람을 일으킬 때도 쓰는 말이지. '불어'는 '붇다'의 활용형이기도 하지만, '불다'의 활용형으로 사용될 수 있어.
⇨ "면발을 식히려고 입김을 너무 불었더니 라면이 불었다."

비추다 | 비치다

비추다는 빛을 보내 밝게 한다는 뜻이야. 비치다는 빛이 나서 환하게 될 때 또는 빛을 받아 어떤 모양이 나타나 보일 때 쓰는 말이지. 빛과 관련된 표현을 쓸 때 문장에 목적어가 있으면 '비추다'를, 목적어가 없으면 '비치다'를 쓴다고 생각하면 쉬울 거야.

(예) 창문으로 들어온 햇빛이 방을 환하게 비추고 있다.
(예) 호수 표면에 달빛이 비쳤다.

봐! 태양이 우리를 환하게 비추고 있네.

수면 위에도 황금빛이 아름답게 비치고 있어.

표현력 쑥쑥

○ '비추다'는 견주어 살펴본다는 뜻도 있어. 주로 '~에 비추어'라는 표현으로 사용하지.
⇨ "내 경험에 비추어 볼 때 여행 계획은 이만하면 충분해."

빗 | 빚 | 빛

빗은 머리털을 가지런히 고를 때 쓰는 도구야. 빚은 남에게 갚아야 할 돈을 뜻하지. 빛은 천체, 불, 인공조명 등에서 나오는 전자기파로, 시각 신경을 자극하여 우리가 물체를 볼 수 있게 만들어 줘.

예) 빗으로 가지런히 손질한 머리카락 위로 빛이 쏟아졌다.
예) 빚을 갚기 위해 밤낮으로 열심히 일한다.

맞춤법 꿀팁

○ 세 단어 모두 [빋]이라고 발음하지만, 뒤에 모음이 나오면 받침의 소리가 살아나니까 정확히 구별해서 발음하자.
⇨ 빗이→[비시] 빗을→[비슬] / 빚이→[비지] 빚을→[비즐] / 빛이→[비치] 빛을→[비츨]

시키다 | 식히다

시키다는 어떤 일이나 행동을 하게 한다는 뜻이야. 음식을 만들거나 가져오도록 주문한다는 뜻도 있어. 식히다는 '식다'의 사동사로, 온도를 낮추거나 열기를 가라앉힐 때 쓰는 말이지.

(예) 선생님은 지각한 친구들에게 청소를 시키셨다.
(예) 국물이 너무 뜨거우니 식혀서 먹자.

아이스 커피로 시킬걸! 너무 뜨겁네.

잠깐 놔두고 식힌 다음에 마셔.

안 | 않

안은 부정이나 반대의 뜻을 나타내는 부사 '아니'의 준말이고, 않은 '아니하다'의 준말인 '않다'에서 나온 말이야. '안'은 뒷말과 띄어 써야 하고, '아니하'의 준말인 '않'은 뒤에 나오는 어미와 붙여 써야 해.

예) 지금이 몇 시인데, 아직도 점심을 안 먹었어?
예) 너무 배가 불러서 저녁을 먹지 않았다.

맞춤법 꿀팁

○ '잘되다'의 반대말로 쓰이는 '안되다'는 한 단어이기 때문에 뒷말과 붙여 써야 해.
  ⇨ "비가 많이 오는 바람에 농사가 잘 안됐다."

어떻게 | 어떡해

어떻게는 '어떻다'에 접미사 '-게'가 합쳐진 말이야. 어떡해는 '어떻게 해'를 줄인 말이지. '어떻게'는 어떤 이유나 방법, 의견이나 상태 등을 물을 때 사용되는 부사이고, '어떡해'는 주로 문장 끝에서 서술어로 사용돼.

(예) 이 무거운 짐을 어떻게 옮겨야 할까?
(예) 오늘도 지각하면 어떡해?

업다 | 엎다

업다는 무언가를 등에 대고 손으로 붙잡거나 다른 것으로 동여매어 붙어 있게 한다는 뜻이야. 엎다는 물건을 거꾸로 돌려 위가 밑을 향하게 할 때 또는 실수로 물건을 넘어뜨리거나 속에 든 것이 쏟아지게 할 때 쓰는 말이지.

- (예) 발을 다친 친구를 업고 학교까지 걸었다.
- (예) 설거지한 그릇은 선반 위에 엎어 놓아라.

자, 내가 업어 줄게!

고맙긴 한데… 엎어질 것 같아.

에요 | 예요

-에요는 '이다'나 '아니다'의 어간 뒤에 붙어 무언가를 설명하거나 물어볼 때 쓰는 종결 어미야. -예요는 '이다'의 어간 '이'에 '-에요'가 붙은 '-이에요'의 준말이지. 받침이 있는 낱말 뒤에는 '-이에요'를 붙이고, 받침이 없는 낱말 뒤에는 '-예요'를 써.

예) 그거는 제가 쓰는 공책이에요.
예) 제가 가장 좋아하는 꽃은 장미예요.

맞춤법 꿀팁

○ 형용사 '아니다'의 어간 '아니'와 종결 어미 '-에요'가 합쳐진 '아니에요'는 '아녜요'로 줄여 쓸 수 있지만, '아니예요'는 틀린 말이야.

유래 | 유례

유래는 어떤 사물이나 일이 생겨난 까닭을 뜻해. 유례는 같거나 비슷한 예 또는 이전부터 있었던 사례를 말해. 유래는 어디에서 비롯되었는지 그 기원을 나타내는 말이고, 유례는 비슷한 사례나 근거를 가리킬 때 사용하는 말이야.

(예) 서울이라는 지명의 유래를 조사해 오세요.
(예) 유례를 찾기 힘들 정도로 극심한 더위가 계속되었다.

이런 형태의 선거 제도는 유럽에서 유래했어.

그리고 이렇게 낮은 득표수는 정말 유례가 없는 일이지.

반장선거
1. 하삐 ㅍㅍㅍT
2. 방붕이 ㅜ
3. 얄라리 ㅡ

잊다 | 잃다

잊다는 알고 있던 것을 기억하지 못하거나 또는 미처 생각하거나 느끼지 못한다는 뜻이야. **잃다**는 자기도 모르는 사이에 갖고 있던 물건이 없어질 때 쓰는 말이지.

- (예) 내일이 시험이라는 걸 깜빡 잊었어!
- (예) 버스에 지갑을 놓고 내리는 바람에 돈을 몽땅 잃었다.

내 핸드폰 어디 갔지? 어디 뒀는지 완전히 잊었어.

자꾸 아무 데나 두니까 잃어버리는 거 아니야!

맞춤법 꿀팁

○ 어떤 사실이나 상황이 기억에서 사라질 때는 '잊다'를 쓴다는 사실을 잊지 마.

저리다 | 절이다

저리다는 피가 잘 통하지 못해 감각이 둔하거나 쑤시듯이 아프다는 뜻이야. **절이다**는 '절다'의 사동사로 소금, 식초, 설탕 등에 담가 간이 배어들게 한다는 뜻이지.

예) 바닥에 오래 앉아 있었더니 다리가 저리다.
예) 배추를 먼저 소금에 절이자.

소금에 절인 배추 좀 더 가져와 봐.

바닥에 오래 앉아 있었더니 다리가 저려서 못 일어나겠어!

크아아

표현력 쑥쑥

○ 가슴이나 마음이 못 견딜 정도로 아플 때도 '저리다'라는 말을 써.
⇨ "돌아가신 할머니가 너무 보고 싶어서 가슴이 저려."

조리다 | 졸이다

조리다는 고기나 채소를 물에 넣고 끓여서 양념이 배어들게 한다는 뜻이야.
졸이다는 '졸다'의 사동사로, 물을 증발시켜 분량을 적어지게 한다는 뜻이지.

예) 장조림은 소고기를 간장에 **조려서** 만드는 반찬이야.
예) 닭볶음탕은 국물이 바짝 **졸아야** 맛있어.

뭐 해?

고기를 간장에 **조리고** 있는 중이야.

오, 당장 먹고 싶은걸? 얼마나 더 **졸여야** 해?

표현력 쑥쑥

○ 속을 애태우며 초조해할 때도 '졸이다'라는 말을 써.
  ▷ "시험에 합격하지 못할까 봐 마음을 **졸였다**."

좇다 | 쫓다

좇다는 목표나 꿈, 행복을 추구할 때 쓰는 말이야. 또는 누군가의 뜻을 따르거나 규칙을 그대로 지킨다는 뜻이지. **쫓다**는 무언가를 잡기 위해 몸을 움직여 뒤따르거나 어떤 자리에서 떠나도록 몰아낸다는 뜻이야.

(예) 축구 선수라는 꿈을 **좇아** 힘든 훈련을 견뎠다.
(예) 경찰은 범인을 **쫓아** 추격전을 벌였다.

지그시 | 지긋이

지그시는 슬며시 힘을 주거나 조용히 참고 견디는 모양을 나타내는 말이야.
지긋이는 나이가 비교적 많아 듬직하게 보이거나 또는 느긋하고 참을성이 있는 모습을 표현하는 말이지.

- 예) 눈을 지그시 감고 파도 소리를 들어 봐.
- 예) 나이가 지긋이 들어 보이는 할아버지께서 길을 물어보셨다.

저는 피곤해서 잠깐 눈을 지그시 감았을 뿐이에요.

선생님은 그런 너를 지긋이 서서 바라볼 뿐이란다.

지양 | 지향

지양은 더 높은 단계로 오르기 위해 어떠한 것을 하지 않는다는 뜻이야. 지향은 어떤 목표로 뜻이 쏠려 향한다는 뜻이지. 목표를 위해 무언가를 하지 않을 때는 '지양'을 쓰고, 목표를 향해 나아가는 의지를 표현할 때는 '지향'을 써.

예) 과도한 경쟁을 부추기는 교육은 지양해야 한다.
예) 유엔(UN)은 세계 평화를 지향한다.

한참 | 한창

한참은 시간이 상당히 지나는 동안을 뜻해. 또는 수효나 분량 등이 꽤 많다는 뜻도 있어. 한창은 어떤 일이 가장 활발하게 일어나는 때를 가리키거나 어떤 상태가 가장 무르익은 때를 나타내는 말이야.

- 예) 한참을 기다려도 버스가 오지 않는다.
- 예) 봄이 한창이라 벚꽃이 활짝 폈다.

맞춤법 꿀팁

○ 시간을 표현할 때 쓰는 '한참'은 꽤 많은 시간이 흘러간 다음을 나타내고, '한창'은 일이 벌어지고 있는 어느 한 순간을 가리켜.

해치다 | 헤치다

해치다는 손상을 입혀 망가지게 하거나 누군가를 다치게 한다는 뜻이야. 헤치다는 속에 든 물건을 드러나게 하려고 덮인 것을 파거나 젖힐 때 쓰는 말이지. 또는 모인 것을 제각기 흩어지게 하거나 앞에 걸리는 것을 좌우로 물리친다는 뜻도 있어.

- 예) 설탕이 많이 들어 있는 간식은 건강을 해친다.
- 예) 수풀을 헤치고 나오니 커다란 연못이 보였다.

표현력 쑥쑥

- 고난이나 역경을 이겨 나갈 때도 '헤치다'라는 말을 써.
  ⇨ "함께 힘을 모으면 어떤 난관이든 헤쳐 나갈 수 있어."

3장

올바르게 띄어쓰기를 해요!

너대로

조사 '대로'는 앞에 오는 말을 따로따로 구별하거나 근거로 삼을 때 사용하는 말이야. 조사는 반드시 앞말에 붙여 써야 해. 체언 뒤에 사용하는 '대로'는 조사이므로 앞말과 붙여 쓰자.

예) 너는 너대로, 나는 나대로 각자 공부하자.
예) 돈을 훔친 도둑은 법대로 처벌받아야 한다.

다이어트 안 한다고 그냥 사실대로 말해.

내일부터 진짜 할 건데….

맞춤법 꿀팁

○ **체언**: 문장에서 주체적인 역할을 하는 명사, 대명사, 수사를 이르는 말. 체언은 형태가 변하지 않고 조사의 도움을 받아 문장의 주어, 목적어 등으로 사용돼.

말하는ˇ대로

의존 명사 '대로'는 동사나 형용사 뒤에 쓰여 모양이나 상태가 그와 같다는 뜻을 나타내. 또는 어떤 상태나 행동이 나타나는 그 즉시를 뜻하지. 의존 명사는 반드시 앞말과 띄어 써야 해.

- 예) 선생님이 말하는 대로 똑같이 따라 해 보세요.
- 예) 수업이 끝나는 대로 아이들은 운동장으로 달려갔다.

맞춤법 꿀팁

● '그런대로'와 '되는대로'는 하나의 단어로 굳어진 표현이므로 붙여 써야 해.

바다만큼

조사 '만큼'은 앞에 나오는 말과 비슷한 정도를 나타내거나 범위를 정할 때 사용해. 체언이나 조사 뒤에 나오는 '만큼'은 조사이므로 앞말과 붙여 써.

- 예) 우리 엄마의 마음씨는 바다만큼 넓어요.
- 예) 동생에게만큼은 내 게임기를 빌려 줄 수 있어.

쟤만큼 공부하면 백 점 맞겠다.

노력한 만큼

의존 명사 '만큼'은 동사나 형용사 뒤에서 그와 비슷한 정도를 나타내거나 뒤에 나오는 내용의 원인이 될 때 쓰는 말이야. 동사나 형용사의 어미가 주로 '-은', '-는', '-을'로 끝나는 말 뒤에 쓰는 '만큼'은 의존 명사이므로 앞말과 띄어 써야 해.

예) 열심히 노력한 만큼 좋은 결과가 있었으면 좋겠다.
예) 새벽에는 시곗바늘 소리가 들릴 만큼 조용하다.

도착할지

어미 '-지'는 어떤 사실이나 판단에 대해 막연한 의문을 갖고 추측할 때 써. 문장 중간에 연결 어미로 쓰거나 문장 끝에 종결 어미로 쓸 때 모두 앞말과 붙여야 해.

예) 약속 장소에 언제쯤 도착할지 미리 알려 줘.
예) 방금 지나가던 아이가 새로 전학 온 친구인지?

시작한 ˇ지

의존 명사 '지'는 어떤 일이 있었던 때로부터 지금까지의 동안을 나타내는 말이야. 이처럼 시간이 지나간 정도를 뜻할 때는 앞말과 띄어 써야 해.

예) 나는 피아노를 배우기 시작한 지 3년이 넘었어.
예) 침대에 누운 지 한 시간이 넘었지만 잠이 안 온다.

좋은데

어미 '-는데(-은데)'는 어떤 일을 설명하거나 묻거나 제안하기 위해 그와 관련된 내용을 미리 알릴 때 쓰는 말이야. 이때에는 앞말과 붙여 써야 해.

예) 이 제품은 성능이 좋은데 가격도 싸다.
예) 이렇게 눈이 펑펑 오는데 걸어갈 수 있을까?

맞춤법 꿀팁

○ 어미 '-는데(-은데)'는 감탄하는 뜻을 나타내거나 상대에게 대답을 요구하며 물어볼 때 문장 끝에 종결 어미로 쓰기도 해.
  ⇨ "창가에 앉으니 바깥 풍경이 정말 좋은데?"
  ⇨ "점심에 뭐 먹었는데?"

읽는∨데

의존 명사 '데'는 어떤 장소, 일, 경우 등을 나타낼 때 쓰는 말이야. '데' 뒤에 조사 '에'를 붙였을 때 말이 되면 의존 명사이므로 이때에는 앞말과 띄어 써야 해.

예) 이 책은 두꺼워서 다 읽는 데 한 달이나 걸렸다.
예) 너무 더우니까 다른 데 가서 놀자.

한 번만 봐줘!

친구를 설득하는 데 실패했다.

너뿐이야

조사 '뿐'은 더는 없음을 뜻하거나 오직 그러하다는 것을 나타내는 말이야.
체언이나 부사어 뒤에 사용할 때는 앞말과 붙여 써야 해.

예 나를 위로해 준 친구는 너뿐이야.
예 다 먹고 남은 건 치킨 한 조각뿐이다.

들었을 뿐

동사나 형용사 뒤에서 다만 어찌할 따름이라는 뜻을 나타내는 의존 명사 '뿐'은 앞말과 띄어 써. 오직 그러하다는 뜻을 표현할 때는 주로 '-다 뿐이지'라는 형태로 사용해.

예) 소문으로 들었을 뿐 아무도 그 고양이를 보지 못했다.
예) 책을 읽었다 뿐이지 기억나는 내용은 없다.

알려 준다고 했을 뿐 정답이라고는 안 했다.

표현력 쑥쑥

○ '-을뿐더러(-ㄹ뿐더러)'는 어떤 일이 그것만으로 그치지 않고 다른 일이 더 있음을 나타내는 연결 어미야. 이때에는 반드시 앞말과 붙여 써야 해.
⇨ "그 친구는 운동을 잘할뿐더러 노래도 잘 불러."

꽃같이

조사 '같이'는 앞말이 보이는 전형적인 어떤 특징이 나타날 때 쓰는 말이야. 체언 뒤에 나올 때는 앞말과 붙여야 하고, 조사 '처럼'으로 바꿔 쓸 수 있어.

- 예) 우리 엄마의 미소는 꽃같이 아름다워.
- 예) 친구네 강아지 털은 눈같이 새하얗다.

맞춤법 꿀팁

○ 서로 다르지 않거나 비슷한 종류에 속한다는 뜻을 나타낼 때 쓰는 형용사 '같다'의 활용형 '같은'은 앞말과 띄어 써야 해.
⇨ "초콜릿이나 사탕 같은 달달한 간식을 먹고 싶어."

모두 ˇ같이

부사 '같이'는 둘 이상의 사람이나 사물이 함께일 때 또는 어떤 상황이나 행동과 다름이 없을 때 쓰는 말이야. 부사는 앞말과 띄어 써야 해.

예) 모두 같이 사진 찍읍시다.
예) 로봇은 내가 움직이는 것과 같이 춤췄다.

맞춤법 꿀팁

○ 동사 '같이하다'는 한동안 더불어 생활하거나 또는 어떤 뜻이나 행동을 동일하게 취할 때 쓰는 말이야. '함께하다'라고 바꿔 쓸 수 있지. 이때 '같이'는 부사가 아니고, '같이하다'가 하나의 단어이기 때문에 붙여 써.
⇨ "나와 언니는 미국에서 유학 생활을 같이했다."

하나밖에

조사 '밖에'는 '그것 말고는', '그것 이외에는'의 뜻을 나타내는 말이야. 주로 뒤에 부정을 나타내는 말이 나오지.

예) 이 상품은 다 팔리고 하나밖에 남지 않았어요.
예) 숙제가 조금밖에 없으니까 신난다.

딸기가 하나밖에 남지 않았다!

표현력 쑥쑥

● 다른 방법이 없음을 나타내거나 당연한 일이 벌어졌을 때 '-ㄹ/을 수밖에 없다'라는 표현을 써. 여기에서 '수밖에'는 의존 명사 '수'와 조사 '밖에'가 합쳐진 형태로, 앞말과 띄어 써야 해.
⇨ "건강을 유지하려면 운동을 할 수밖에 없다."
⇨ "날이 너무 추우니 옷을 꽁꽁 싸맬 수밖에 없다."

집 밖에

바깥을 뜻하는 명사 '밖'과 조사 '에'가 합쳐진 '밖에'는 앞말과 띄어 써야 해.

(예) 집 밖에 친구가 기다리고 있으니 얼른 나가 봐.
(예) 여름철 과일에는 수박이 있고, 그 밖에 복숭아, 자두, 포도 등이 있다.

맞춤법 꿀팁

● 명사 '밖'은 앞말과 띄어 써야 하지만, 하나의 단어로 굳어져 붙여 쓰는 낱말도 있으니 따로 기억해 두자.
  ⇨ 뜻밖 / 창밖 / 문밖 / 꿈밖

몇 시

몇은 그리 많지 않은 수를 이르거나 뒤에 오는 말과 관련된 수를 물을 때 쓰는 말이야. 구체적인 숫자를 묻거나 막연한 정도를 가리킬 때는 뒷말과 띄어 써야 해.

- 예) 그 가게는 몇 시에 문을 닫아요?
- 예) 사물함에 있는 간식 몇 개만 갖다 줘.

지금 몇 시야? 수업 끝날 때 안 됐어?

수업 이제 시작했어.

몇백

몇은 앞이나 뒤에 수를 나타내는 말이 있으면 붙여 써야 해. 앞뒤에 수를 나타내는 말이 연이어 나온다면 앞말과 띄어 쓰고, 뒷말에 붙여 써.

예) 이 마을에는 몇백 년 된 나무가 열몇 그루 있다.
예) 야구장에는 이만 몇천 명의 관객이 모였다.

도대체 몇백 명이 대기 중인 거야?

이틀간

접미사 '-간'은 기간을 나타내는 명사 뒤에 붙어 '동안'의 뜻을 나타내는 말이야.
'대장간', '외양간'처럼 몇몇 명사 뒤에 붙어 장소를 나타내는 접미사로 사용되기도 해.

예) 오늘부터 이틀간 학교 축제가 열린다.
예) 아빠는 한 달간 외국으로 출장을 떠나셨다.

이웃 간에

의존 명사 '간'은 한 대상에서 다른 대상까지의 사이를 나타내. 일부 명사 뒤에 쓰여 '관계'를 뜻하기도 하지. 이때에는 앞말과 띄어 써야 해.

> 예) 층간 소음으로 이웃 간에 갈등이 벌어졌다.
> 예) 서울과 제주 간 철도망 구축을 위한 토론회가 열렸다.

친구 간에 싸우지 말고 사이좋게 지내야지.

맞춤법 꿀팁

○ 의존 명사 '간'은 앞말과 띄어 써야 하지만, 하나의 단어로 굳어져 붙여 쓰는 낱말도 있으니 따로 기억해 두자.

⇨ 부부간: 남편과 아내 사이 / 부자간: 아버지와 아들 사이 / 부녀간: 아버지와 딸 사이
모자간: 어머니와 아들 사이 / 모녀간: 어머니와 딸 사이 / 남매간: 오빠와 누이 사이, 누나와 남동생 사이

해야겠다

어미 '-겠-'은 미래의 일이나 추측을 나타내거나 또는 어떤 일에 대한 의지나 가능성을 나타내. '해야겠다'는 동사 '하다'의 활용형 '해야'와 주체의 의지를 나타내는 어미 '-겠-'과 종결 어미 '-다'가 합쳐진 형태이므로 전부 붙여 써야 해.

예) 시험이 얼마 남지 않았으니 공부를 열심히 해야겠다.
예) 시험도 끝났으니 마음 편히 놀아야겠다.

내가 봐도 방이 너무 지저분하네. 청소를 해야겠다.

전해야 한다

'해야 한다'에서 '해야'는 '하여야'의 줄임말이야. '하다'를 보조 동사로 활용한 '-어야 하다'는 앞말이 뜻하는 행동을 하거나 그런 상태가 될 필요가 있음을 나타내는 표현이지. 이때 뒤에 나오는 '하다'는 동사이기 때문에 앞말과 띄어 써야 해.

예) 기쁜 소식을 빨리 친구들에게 전해야 한다.
예) 운동을 해서 땀이 났으니 씻어야 해.

방학 ˇ동안

동안은 어느 한때에서 다른 한때까지 시간의 길이를 나타내는 명사이므로 앞말과 띄어 써야 해.

㉠ 방학 동안 뭐 하면서 지냈어?
㉠ 잠을 자는 동안에도 뇌는 쉬지 않고 활동한다.

맞춤법 꿀팁

○ '그동안', '한동안', '오랫동안'은 하나의 단어로 굳어진 표현이므로 붙여 써야 해.

일 년 ˇ만에

의존 명사 '만'은 앞말이 가리키는 동안이나 거리 또는 횟수를 뜻하는 말이야. 이때에는 앞말과 띄어 써야 해.

㉠ 태권도를 배운 지 일 년 만에 대회에 나갔다.
㉠ 나는 열 번 만에 물구나무서기에 성공했다.

하루 만에 포기하면 어떡해!

공 때문에

때문은 어떤 일이 생겨난 원인이나 까닭을 뜻하는 의존 명사로, 앞말과 띄어 써야 해. 단독으로 쓰일 수 없어서 문장의 맨 앞에 나올 수 없어. '때문에'를 문장 첫머리에 쓰려면 '그 때문에', '이 때문에'처럼 반드시 앞에 다른 말이 나와야 하지.

예) 바닥에 놓인 공 때문에 넘어질 뻔했다.
예) 시간이 별로 없기 때문에 서둘러야 한다.

표현력 쑥쑥

○ '덕분'은 베풀어 준 은혜나 도움을 뜻하는 명사야. 긍정적인 결과를 만들어 낼 때는 '때문에' 대신에 '덕분에'라고 바꿔 쓸 수 있지.
⇨ "네 도움 덕분에 어려운 숙제를 해결했어."

웃을 때

때는 어떤 일이나 현상이 일어나는 순간이나 경우를 가리키는 말이야. 명사이기 때문에 앞말과 띄어 써야 해.

⑩ 나는 웃을 때 보조개가 생긴다.
⑩ 갑자기 찬물을 마시면 가끔 머리가 어지러울 때가 있다.

표현력 쑥쑥

○ '때'는 옷이나 몸에 묻은 더러운 먼지를 가리키는 말이기도 해.
  ⇨ "미끄럼틀을 타고 놀았더니 바지에 까맣게 때가 묻었다."

나보다

조사 '보다'는 비교의 대상이 되는 말에 붙어 '~에 비해서'라는 뜻을 나타내. 서로 차이가 나는 경우를 비교할 때 사용하는 말로, 앞말과 붙여 써야 해.

예) 우리 형은 나보다 키가 크다.
예) 나는 너보다 빨리 달릴 수 있어.

표현력 쑥쑥

- '어떤 수준에 비해 한층 더'를 뜻하는 부사 '보다'는 앞말이나 뒷말과 띄어 써야 해. 이때에는 '더욱'이라는 말과 바꿔 쓸 수 있어.
  ⇨ "바람이 불면 빨래가 보다 빠르게 마른다."

만 ˇ 원

수를 적을 때는 '만(萬)' 단위로 띄어 써야 해. 우리나라의 화폐를 세는 단위인 원은 의존 명사이기 때문에 앞말과 띄어 써야 해. 다만, '500원'처럼 '원' 앞에 아라비아 숫자가 올 경우에는 붙여 쓰는 것도 가능해.

예) 이 학용품 세트의 가격은 만 원입니다.
예) 할인해서 삼만 구천오백십 원에 신발을 샀어.

삼만 원입니다.

각자 만 오천 원씩 내면 되겠다.

앗, 지갑을 두고 나왔다!

마실 것

의존 명사 '것'은 사물, 일, 현상 등을 가리키거나 누군가의 소유물임을 나타낼 때 사용하는 말이야. 이때에는 앞말과 띄어 써야 해.

예) 목이 마르니 마실 것 좀 주세요.
예) 이 양말은 누구의 것이니?

맞춤법 꿀팁

● 대명사 '이것', '저것', '그것', '아무것'은 붙여 쓰고, '날것', '새것', '별것', '탈것' 등 하나의 단어로 굳어져 붙여 쓰는 낱말이 있으니 헷갈릴 때는 국어사전을 꼭 찾아보자.

수업 ˇ중

의존 명사 '중'은 여럿의 가운데를 나타내는 말이야. 무엇을 하고 있거나 어떤 상태에 있는 동안을 가리키거나 또는 무언가의 안이나 속을 뜻해. 이때에는 앞말과 띄어 써야 해.

예) 수업 중에는 큰 소리로 떠들면 안 돼.
예) 우리 중에서 누가 가장 줄넘기를 잘하는지 대결해 보자.

맞춤법 꿀팁

○ 아래의 예시들처럼 하나의 단어로 굳어져 붙여 쓰는 낱말도 있으니 헷갈릴 때는 국어사전을 꼭 찾아보자.

⇨ 연중: 한 해 동안 / 한밤중: 깊은 밤 / 은연중: 남이 모르는 가운데 / 무의식중: 자기도 모르는 사이 / 그중: 범위가 정해진 여럿 가운데 / 부재중: 자리를 비우는 동안

여러 가지

관형사 '여러'는 수효가 한둘이 아니고 많다는 뜻이야. 관형사는 그 뒤에 오는 말과 띄어 써야 해. '가지'는 사물을 성질이나 특징에 따라 종류별로 낱낱이 셀 때 쓰는 의존 명사야.

예) 비빔밥은 나물과 여러 가지 양념을 함께 비벼 먹는 밥이다.
예) 여러 종류의 아이스크림이 있으니 골라 먹으렴.

빵 종류가 여러 가지라서 뭘 먹을지 고민돼.

어차피 다 먹을 거면서….

표현력 쑥쑥

○ '여러모로'는 '여러 방면으로'라는 뜻을 가진 하나의 단어야. '다각도로'라고 바꿔 쓸 수 있어.
⇨ "이 가방은 주머니가 많아서 여러모로 편리해."

사람마다

조사 '마다'는 '낱낱이 모두'라는 뜻이야. 시간을 나타내는 말 뒤에 사용되어 '해당 시기에 한 번씩'이라는 뜻을 나타내기도 하지. 앞말에 붙여 써야 해.

예) 똑같은 책을 읽어도 사람마다 느낀 점이 달라.
예) 올림픽은 4년마다 열리는 국제 운동 경기 대회다.

첫 번째

의존 명사 '번째'는 차례나 횟수를 나타내는 단위이고, '첫'은 맨 처음을 뜻하는 관형사야. '첫 번째'라고 띄어 쓰는 게 원칙이지. 다만, '3번째'처럼 '번째' 앞에 아라비아 숫자가 올 경우에는 붙여 쓰는 것도 가능해.

예 드디어 첫 번째 여행지에 도착했다.
예 제 발표 순서가 몇 번째인가요?

맞춤법 꿀팁

● 순서를 나타내는 '첫째', '둘째', '셋째', '열째' 등은 하나의 단어이므로 붙여 써야 해.

한 개

의존 명사 '개'는 낱으로 된 물건을 세는 단위야. '차 한 대', '말 한 마리', '연필 한 자루', '집 한 채' 등 단위를 나타내는 의존 명사는 앞말과 띄어 써야 해. 다만, '1마리', '4자루' 등 앞에 아라비아 숫자가 올 때는 붙여 쓰는 것도 가능해.

예) 안 쓰는 공책 한 개 빌려 줄 수 있어?
예) 이 시골 마을에는 집이 네 채뿐이다.

엥? 내 자전거 바퀴 한 개가 어디 갔지?

얼마 전에

전은 어떤 시기보다 앞을 나타내거나 막연한 과거의 어느 때를 가리키는 명사야. 이때에는 앞말과 띄어 써야 해. 다만, '오래전'은 하나의 단어로 굳어진 말이므로 붙여서 써.

예) 얼마 전에 산 신발이 벌써 더러워졌다.
예) 해가 뜨기 전에 집을 나섰다.

오~ 얼마 전에 운동 시작했다더니, 벌써 몸짱 됐네?

표현력 쑥쑥

○ '전(全)'은 모든 또는 전체를 뜻하는 관형사야. 이전 또는 앞을 나타내는 '전(前)'과는 아예 다른 말이지.

⇨ "케이팝 가수들이 전 세계적으로 큰 인기를 끌고 있다."

내일쯤

접미사 '-쯤'은 알맞은 한도나 그만한 정도를 나타내는 말로, 앞말과 붙여 써야 해.

예) 내일쯤이면 비행기가 미국에 도착할 것이다.
예) 산 정상에 오르려면 얼마쯤 걸어야 하나요?

표현력 쑥쑥

○ '즈음(즘)'은 일이 어찌 될 무렵이라는 뜻이야. 의존 명사이기 때문에 앞말과 띄어 써야 해.
⇨ "잠이 들 즈음에 전화벨이 울렸다."

어느 날

관형사 '어느'는 둘 이상의 것 가운데 대상이 되는 것이 무엇인지 묻거나 꼭 집어 말할 필요가 없는 대상을 가리킬 때 쓰는 말이야. 관형사는 뒤에 나오는 말과 띄어 써야 해.

(예) 어느 날 아침에 누군가 우리 집 문을 두드렸다.
(예) 짬뽕과 짜장면 중에 어느 것을 더 좋아하니?

어느 날 하늘을 보는데, 별이 유난히 예뻤어.

맞춤법 꿀팁

○ 부사 '어느덧'과 '어느새'는 하나의 단어로 굳어진 표현이므로 붙여 써야 해.

그럴 리가

까닭이나 이치를 뜻하는 의존 명사 '리'는 앞말과 띄어 써야 해.

예) 우리 팀이 지다니 그럴 리가 없어.
예) 내가 다른 사람한테 우리의 비밀을 말할 리가 있겠어?

네가 100점을 맞았다니 그럴 리가 없어!

비싸구나

'-구나'는 새롭게 알게 된 사실에 대해 놀라거나 감탄의 뜻을 나타내는 종결 어미로, 앞말과 붙여 써야 해. '-군'이라고 줄여서 말하기도 하지.

예) 장인이 만든 공예품이라 가격이 비싸구나.
예) 그림 실력이 나날이 발전하는구나.

배고플 텐데

'텐데'는 '터인데'를 줄여 쓴 거야. 터는 예정이나 추측, 의지의 뜻을 나타내는 의존 명사이기 때문에 앞말과 띄어 써야 해.

- 예) 배고플 텐데 얼른 밥 먹어라.
- 예) 집에 갈 때는 비가 그치면 좋을 텐데.

맞춤법 꿀팁

○ 부사 '이를테면'은 하나의 단어로 굳어진 표현이므로 붙여 써야 해. 바꿔 쓸 수 있는 비슷한 단어로 '가령', '예컨대'가 있어.

갈 거야

'거야'는 '것이야'를 줄여 쓴 거야. '거'는 주로 일상 대화에서 의존 명사 '것'을 나타내는 말로, 앞말과 띄어 써야 해. [꺼야라고 발음하지만 글로 적을 때는 '거야'라고 써.

예) 학교 끝나고 친구들이랑 농구하러 갈 거야.
예) 우리랑 같이 축구할 거야? 말 거야?

잊을 뻔했어

보조 형용사 '뻔하다'는 어떤 상황이 실제로 일어나지는 않았지만 그럴 가능성이 높았음을 나타내. 앞말과 띄어 써야 하고, 동사 뒤에서 주로 '-을 뻔하다'의 형태로 사용돼.

예) 네가 말해 주지 않았으면 숙제를 잊을 뻔했어.
예) 하마터면 신호를 위반한 차에 치일 뻔했다.

표현력 쑥쑥

○ '뻔하다'는 어떤 일의 결과나 상태가 훤히 보일 만큼 분명하다는 뜻을 가진 형용사이기도 해.
⇨ "그런 뻔한 속임수에 내가 넘어갈 리가 있겠어?"

국어 문법 용어 맛보기

① 낱말(단어)
나누어 떨어져 홀로 쓸 수 있는 말.
또는 그 말 뒤에 붙어서 문법적인 기능을 나타내는 말.

- 나는 매일 학교에 가요. [문장]
⇨ 나 / 는 / 매일 / 학교 / 에 / 가요 [낱말 총 6개]

② 명사
사람이나 사물의 이름을 나타내는 말.
㉠ 학교, 운동장, 사과, 장미, 강아지, 책상

▶ 의존 명사: 홀로 쓰이지 않고 앞에 꾸며 주는 말이 꼭 필요한 명사. 앞말과 띄어서 써요.
- 나는 수업이 끝나는 대로 집으로 달려갔다.
- 열심히 노력한 만큼 좋은 점수가 나왔어.

③ 조사
다른 말에 붙어 문법적인 관계를 나타내거나 그 말의 뜻을 도와주는 말. 앞말에 붙여서 써요.

- 친구네 강아지 털은 눈같이 새하얗다.
- 나를 위로해 준 친구는 너뿐이야.

④ 형용사
사람이나 사물의 성질이나 상태를 나타내는 말.
㉠ 아름답다, 조용하다, 재미있다, 크다, 높다

⑤ 동사
사람이나 사물의 움직임을 나타내는 말.
㉠ 먹다, 걷다, 눕다, 넘어지다, 인사하다

▶ 사동사: 문장의 주체가 남에게 어떤 일을 하도록 만드는 동사.
예) 붙이다, 식히다, 날리다, 먹이다, 깨우다

▶ 피동사: 문장의 주체가 남이 하는 동작을 당하는 것을 나타내는 동사.
예) 보이다, 들리다, 묻히다, 업히다, 잡히다

⑥ 부사
동사나 형용사를 도와서 뜻을 분명하게 드러내는 말.
예) 반드시, 아니, 어느덧, 매우, 정말

⑦ 어근
단어에서 실제로 의미를 나타내는 부분.
예) 어근으로만 이루어진 단어(단일어) : 바다, 친구, 집, 나무, 별

⑧ 접사
혼자 쓰이지 않고 다른 단어나 어근에 붙어 새로운 단어를 만드는 부분.
앞에 나오면 '접두사', 뒤에 붙으면 '접미사'라고 해요.

접두사 + 어근	어근 + 접미사
예) 웃어른, 군고구마	예) 지우개, 선생님

⑨ 어간 + 어미
동사, 형용사, 서술격 조사를 여러 형태로 활용할 때 변하지 않는 부분을 '어간', 변하는 부분을 '어미'라고 해요.

기본형	활용형 예시	어간	어미
[동사] 가다	간다 | 가는데 | 가고 | 가자 | 가니	가	-ㄴ다, -는데, -고, -자, -니
[형용사] 좋다	좋은데 | 좋고 | 좋아서 | 좋으니	좋	-은데, -고, -아서, -으니

찾아보기

ㄱ
가르치다 54
가리키다 54
간질이다 12
개수 13
거치다 55
건드리다 14
걷히다 55
곱빼기 15
구시렁대다 16
굳이 17
금세 18
기다란 19
깨끗이 20

ㄴ
낫다 56
낳다 56
너머 57
널브러지다 21
넘어 57
눈곱 22
늘리다 58
늘이다 58

ㄷ
다르다 59
닦달하다 23
돼 60
되 60
드러내다 61
들르다 62
들리다 62
들어내다 61
때다 63
떼다 63
띄다 64
띠다 64

ㄹ
로서(으로서) 65
로써(으로써) 65

ㅁ
맞다 66
맞닥뜨리다 24
맡다 66
매다 67
메다 67
메마르다 25
며칠 26
모래 68
모레 68
무난하다 69
무릅쓰다 27
무치다 70
문안하다 69
묻히다 70

ㅂ
바라다 71
바래다 71
바치다 72
반드시 73
반듯이 73
받치다 72
배다 74
벌리다 75
벌이다 75
베개 28
베다 74
부서지다 29
부스스하다 30

부치다 76
붇다 77
붓다 77
붙이다 76
비추다 78
비치다 78
빈털터리 31
빗 79
빚 79
빛 79

ㅅ

산봉우리 32
설거지 33
설레다 34
시키다 80
식히다 80

ㅇ

안 81
안팎 35
않 81
알아맞히다 36
어떡해 82

어떻게 82
어이없다 37
업다 83
엎다 83
에요 84
역할 38
예요 84
오랜만 39
오므리다 40
왠지 41
움큼 42
웃어른 43
웬일 44
유래 85
유례 85
으스대다 45
이파리 46
잃다 86
잊다 86

ㅈ

잠그다 47
저리다 87
절이다 87

조리다 88
졸이다 88
좇다 89
지그시 90
지긋이 90
지양 91
지향 91
쩨쩨하다 48
쫓다 89

ㅋ

켜다 49

ㅌ

통째 50
틀리다 59

ㅎ

한참 92
한창 92
해치다 93
핼쑥하다 51
헤치다 93

알라리의 어휘 콕콕!
한 컷 초등 맞춤법

1판 1쇄 발행일 2025년 5월 26일

지은이 재능많은국어연구소
그린이 에렘

발행인 김학원
발행처 휴먼어린이
출판등록 제313-2006-000161호(2006년 7월 31일)
주소 (03991) 서울시 마포구 동교로23길 76(연남동)
전화 02-335-4422 **팩스** 02-334-3427
저자·독자 서비스 humanist@humanistbooks.com
홈페이지 www.humanistbooks.com
유튜브 youtube.com/user/humanistma
페이스북 facebook.com/hmcv2001 **인스타그램** @human_kids
편집주간 황서현 **편집** 박현혜 **디자인** 양X호랭 DESIGN
용지 화인페이퍼 **인쇄** 삼조인쇄 **제본** 해피문화사

그림 ⓒ 에렘, 2025

ISBN 978-89-6591-634-5 73710

- 이 책은 저작권법에 따라 보호받는 저작물이므로 무단 전재와 무단 복제를 금합니다.
- 이 책의 전부 또는 일부를 이용하려면 반드시 저작권자와 휴먼어린이 출판사의 동의를 받아야 합니다.
- **사용 연령 6세 이상** 종이에 베이거나 긁히지 않도록 조심하세요. 책 모서리가 날카로우니 던지거나 떨어뜨리지 마세요.